PROGRAMA SACRAMENTAL BILINGUE DE SA
Siempre contigo

MW01123258

Primera Reconciliación

Dr. Gerard F. Baumbach
Moya Gullage

Rev. Msgr. John F. Barry
Dr. Eleanor Ann Brownell
Helen Hemmer, I.H.M.
Dr. Norman F. Josaitis
Rev. Michael J. Lanning, O.F.M.
Dr. Marie Murphy
Karen Ryan
Joseph F. Sweeney

Traducción y Adaptación
Dulce M. Jiménez-Abreu
Yolanda Torres

Consultor Teológico
Most Rev. Edward K. Braxton, Ph. D., S.T.D.

Consultor Pastoral
Rev. Virgilio P. Elizondo, Ph. D., S.T.D.

Consultores de Liturgia y Catequesis
Dr. Gerard F. Baumbach
Dr. Eleanor Ann Brownell

Consultores Bilingüe
Rev. Elías Isla
Dr. Frank Lucido

con
Dr. Thomas H. Groome
Boston College

William H. Sadlier, Inc.
9 Pine Street
New York, NY 10005-1002

Contenido

Contents

Nihil Obstat
✠ Most Reverend George O. Wirz
Censor Librorum

Imprimatur
✠ Most Reverend William H. Bullock
Bishop of Madison
May 24, 1996

The *Nihil Obstat* and *Imprimatur* are official declarations that a book
or pamphlet is free of doctrinal or moral error. No implication is
contained therein that those who have granted the *Nihil Obstat* and
Imprimatur agree with the contents, opinions, or statements expressed.

Copyright © 1997 by William H. Sadlier, Inc. All rights reserved. This book,
or any part thereof, may not be reproduced in any form, or by any means,
including electronic, photographic, or mechanical, or by any sound
recording system, or by any device for storage and retrieval of information,
without the written permission of the publisher.

Printed in the United States of America.

Home Office:
9 Pine Street
New York, NY 10005–1002
ISBN: 0–8215–1276–5
123456789/9876

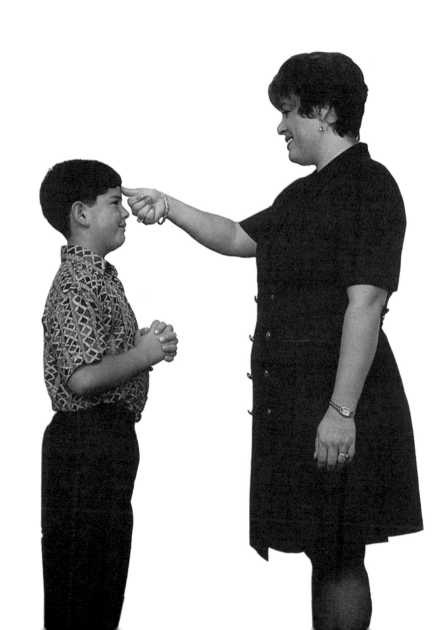

Guía: Jesús dijo: "Yo soy el Buen Pastor. Conozco mis ovejas y ellas me conocen a mí".

Basado en Juan 10:15

Todos: (Cantemos)

♫ Yo tengo un amigo que me ama,
    me ama, me ama,
yo tengo un amigo que me ama;
su nombre es Jesús
    que me ama, que me ama,
que me ama con su tierno amor. ♫

Guía: Como familia parroquial, damos la bienvenida a aquellos que se están preparando para el sacramento de la Reconciliación. Nos regocijamos con ustedes mientras se preparan para celebrar la misericordia y el amor de Dios. Como discípulos de Jesús, el Buen Pastor, nos ayudamos unos a otros rezando:

Guía: Jesús, ayúdanos a crecer en fe y confianza.

Todos: Jesús, Buen Pastor, escúchanos.

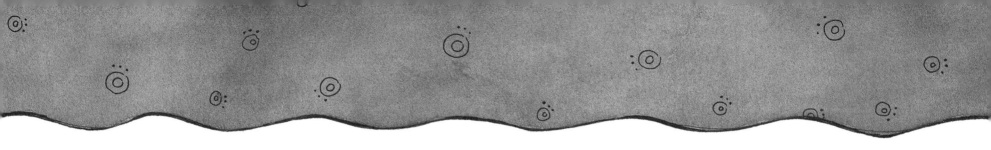

Guía: Jesús, ayúdanos a amarte y a seguirte.

Todos: Jesús, Buen Pastor, escúchanos.

Guía: Jesús, ayúdanos a compartir
tu paz con los demás.

Todos: Jesús, Buen Pastor, escúchanos.

Guía: Padres colóquense frente a sus hijos
y hagan la señal de la cruz en sus frentes.

Padres: Hijo de Dios, te signo en el nombre
de Jesús, el Buen Pastor, quien nunca
te dejará. El te llama al sacramento de
la Reconciliación, síguele.

Guía: Niños, por favor, acérquense sosteniendo
las figuras del Buen Pastor. Terminaremos
nuestra oración cantando.

Todos:
♫ Yo tengo un amigo que me ama,
me ama, me ama,
yo tengo un amigo que me ama;
su nombre es Jesús
que me ama, que me ama,
que me ama con su tierno amor. ♫

A Preparation Rite

Leader: Jesus says, "I am the Good Shepherd. I know My sheep and they know Me."
Based on John 10:15

All: (To the tune of "Did You Ever See A Lassie?")
♫ Oh, Jesus is our Friend, and our
    Brother and Shepherd.
Jesus teaches us to love and to
    follow His way.
In joy and in faith and in hope and
    thanksgiving,
Jesus teaches us to love and to
    follow His way. ♫

Leader: As a parish family, we welcome you as you begin to prepare for the sacrament of Reconciliation. We join with you as you get ready to celebrate God's great love and mercy. As followers of Jesus, the Good Shepherd, we help each other by praying:

Leader: Jesus, help us to grow in faith and trust.

All: Jesus, Good Shepherd, hear us.

Leader: Jesus, help us to love and follow You.

All: Jesus, Good Shepherd, hear us.

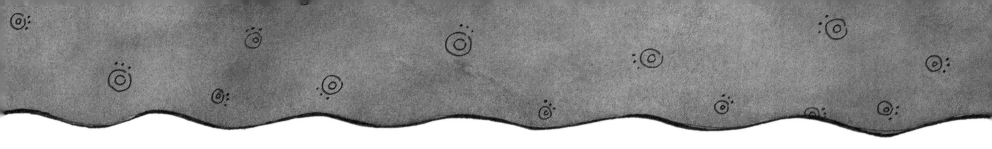

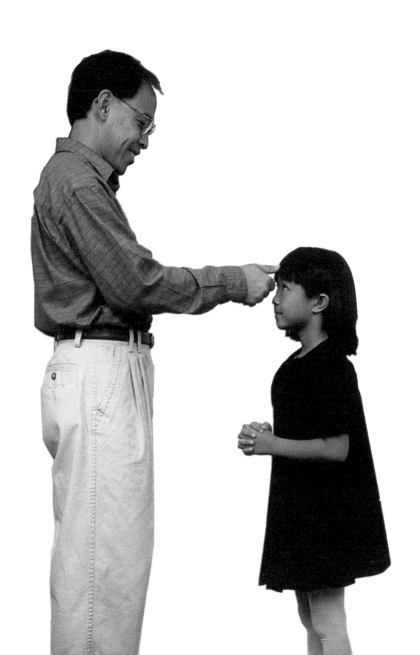

Leader: Jesus, help us to share Your peace with others.

All: Jesus, Good Shepherd, hear us.

Leader: Parents, turn to your children and trace the sign of the cross on their foreheads.

Parents: Child of God, I sign you in the name of Jesus, the Good Shepherd, who will never leave you. Follow Him as He calls you to the sacrament of Reconciliation.

Leader: Children, please come forward holding your Good Shepherd figure. We will end our prayer by singing our song together.

All: (To the tune of "Did You Ever See a Lassie?")
♫ Oh, we are friends of Jesus, our
      Brother and Shepherd.
   Jesus teaches us to love and to follow
      His way.
   Our friends and our family will help
      us get ready.
   For Your peace and Your forgiveness,
      dear Jesus, we pray. ♫

7

Siguiendo a Jesús

Están creciendo.
Están creciendo en altura y fortaleza.
Como católicos, también están aprendiendo a crecer en amor y conocimiento de nuestra fe.

Piensen por un momento en:
cosas que aman y saben de Dios, Padre.
cosas que aman y saben de Dios, Hijo.
cosas que aman y saben de Dios, Espíritu Santo.

Pronto van a celebrar el maravilloso sacramento de la Reconciliación. Empecemos nuestra preparación.

✝En el nombre del Padre, y del Hijo, y del Espíritu Santo. Amén.

¡Qué maravilloso es Dios!
El nos da muchos regalos; nuestras familias, amigos, la Iglesia, un mundo maravilloso. Nombren algunos de los regalos que Dios les ha dado.

Dios también nos dio la libertad de elegir. Elegimos libremente, por nuestra propia voluntad. Somos libres de elegir hacer lo correcto. Podemos también elegir lo que está mal.

¿Cuáles son algunas de las elecciones que Dios quiere que hagamos?

Hoy vamos a escuchar una historia bíblica acerca de alguien que primero tomó una mala decisión y luego tomó una decisión correcta.

Think for a minute.
Tell something you love or understand about God the Father.
Tell something you love or understand about Jesus, who is God the Son.
Tell something you love or understand about God the Holy Spirit.

Soon you will celebrate the wonderful sacrament of Reconciliation. Let's begin our preparation time together.

† In the name of the Father,
and of the Son,
and of the Holy Spirit.
Amen.

How wonderful God is!
He gives us so many gifts — our families, our friends, our Church, our wonderful world!
Tell about some of God's best gifts to you.

God also gives us the gift of choice.
Choices are things we do on purpose.
We are free to choose to do what is right.
We can also choose to do what is wrong.

What are some of the choices God wants us to make?

Today we are going to hear a story from the Bible about someone who first made a wrong choice and then made a right choice!

You are growing up.
You are growing taller and stronger.
As a Catholic, you are also learning to grow in love and understanding of your faith.

El padre que perdona

Había una vez un señor que tenía dos hijos. Un día el menor le dijo:

"Padre, dame mi herencia". Quería irse de la casa y pasarlo bien.

El padre se puso muy triste pero le dio el dinero y le vio partir.

Al principio el joven lo pasó muy bien. Dio fiestas e hizo muchos amigos. Sin embargo, muy pronto el dinero se acabó. Sus amigos le dejaron. Quedó pobre, sin casa y con hambre.

Empezó a pensar en lo que había elegido. Recordó su casa y el amor de su padre.

The Forgiving Father

There was a loving father who had two sons. One day the younger son said to his father:

"Father, give me my share of the family money." He wanted to leave home and have some fun.

The father was very sad but he gave his son the money and watched him leave home.

At first the young man had a wonderful time. He gave parties and made many new friends. Soon, however, his money was gone. His friends left him. He was poor and homeless and hungry.

Now he began to think about the choice he had made. The son remembered his home and his father's great love for him!

El joven pensó:

"Regresaré a casa y diré a mi padre: 'Padre he pecado contra Dios y contra ti. No soy digno de llamarme hijo tuyo. Trátame como a uno de tus sirvientes'".

El joven se dirigió a su casa.

Su padre esperaba que un día su hijo regresara. Todos los días esperaba y miraba. Cuando vio a su hijo venir corrió hacia él y lo abrazó. Luego dijo a los sirvientes:

"Póngale la mejor ropa y zapatos nuevos. Ahora vamos a celebrar, porque mi hijo que había muerto está vivo. Estaba perdido y fue encontrado".

Basado en Lucas 15:11–24

¿Cuál fue la mala decisión del hijo?
¿Qué buena decisión tomó él?
¿Qué decisiones tomó el padre?
¿Qué aprendieron de esa historia sobre el gran amor de Dios por nosotros?

The young man said:

"I will go home to my father. I will say, 'Father, I have sinned against God and against you. I am not fit to be your son. Treat me as one of your servants.'"

Then he began his long trip home.

His father kept hoping that one day his son would return. Each day he watched and waited. When he saw his son coming down the road, he ran to meet him and hugged him. Then the father said to his servants:

"Put the best robe on my son and new shoes on his feet. Now we will celebrate, for my son who was dead is alive again. He was lost, but now he's found!"

Based on Luke 15:11–24

What wrong choice did the son make?
What right choice did he make?
What choices did the father make?
What do you learn from this story about God's great love for us?

Tomando decisiones con amor

Jesús nos mostró como tomar decisiones con amor. Fue bondadoso con los demás. Curó enfermos. Perdonó pecados. Llevó paz a la gente. Nos enseñó que el amor es lo más importante entre todas las cosas.

No es siempre fácil tomar la decisión correcta con amor.

Debemos siempre empezar pidiendo a Dios que nos ayude a tomar la decisión correcta para seguir a Jesús. Si la decisión que vamos a tomar es seria o difícil, debemos hablar con alguien de confianza; uno de nuestros padres, u otro adulto. Luego, con la ayuda del Espíritu Santo, tomamos la decisión correcta con amor.

Algunas veces lo que hacemos puede crear problemas. Podemos cometer un error. Podemos tener un accidente. En ese caso no es nuestra culpa. Los errores y accidentes no son pecados.

¿Cómo puedes mostrar que eres un seguidor de Jesús?
¿Cómo puedes tomar decisiones con amor?

Making Loving Choices

Jesus showed us how to make good and loving choices. He was kind to others. He healed the sick. He forgave sins. He brought people peace. He taught us that love is the most important thing of all.

It is not always easy to make right and loving choices.

We should always begin by asking God to help us make the right choice in following Jesus. Then, if what we have to choose is hard or something serious, we need to talk about it with someone we trust—a parent, or another grown-up. Then, with the help of the Holy Spirit, we choose the right and loving thing to do.

Sometimes what we do may cause a problem. We may make a mistake. We may do something by accident. Then it is not our fault. Mistakes and accidents are not sins.

How can you show you are Jesus' follower? How can you make loving choices?

15

Como tomar decisiones con amor

1. Pensar en las decisiones que se van a tomar.

2. Preguntarse cuales decisiones Jesús quiere que tomemos.

3. Hablar con Dios acerca de las decisiones. Pedir al Espíritu Santo que nos ayude a elegir lo correcto y las cosas buenas como lo hizo Jesús.

4. Hablar sobre las decisiones con alguien que pueda ayudar.

5. Con la ayuda del Espíritu Santo, tomar las decisiones.

How to Make a Loving Choice

1. Think about the choices you can make.

2. Ask yourself which choice Jesus would want you to make.

3. Talk to God about your choices. Ask the Holy Spirit to help you to choose to do right and loving things as Jesus did.

4. Talk over your choices with someone who can help you.

5. With the help of the Holy Spirit, make your choice.

¿Qué es elegir?

Lean las siguientes frases. Trabajen con un compañero y escriban en el triángulo C (una decisión correcta), M (una mala decisión), A (un accidente); E (un error). Expliquen sus respuestas.

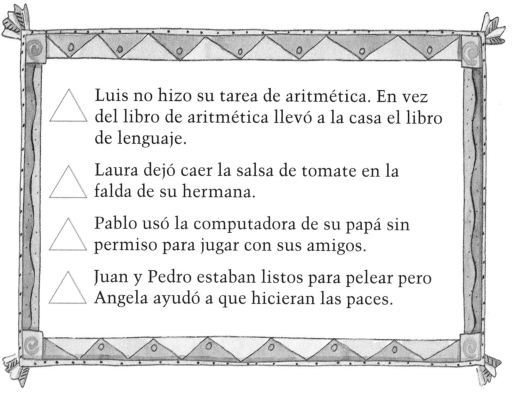

△ Luis no hizo su tarea de aritmética. En vez del libro de aritmética llevó a la casa el libro de lenguaje.

△ Laura dejó caer la salsa de tomate en la falda de su hermana.

△ Pablo usó la computadora de su papá sin permiso para jugar con sus amigos.

△ Juan y Pedro estaban listos para pelear pero Angela ayudó a que hicieran las paces.

Cierren los ojos. Quédense en silencio. Den gracias a Dios por haberles dado la libertad de tomar decisiones. Pidan a Dios que les ayude a tomar decisiones con amor como Jesús quiere que hagan sus amigos.

What Is a Choice?

Read these stories. Work with a partner and label them W (a wrong choice), R (a right choice), A (an accident), or M (a mistake). Explain your answers.

 Luis did not do his math. He brought home his reader instead of his math book.

 Bonnie spilled tomato sauce on her sister's favorite sweater.

 Hal used his father's computer without permission to play a game with his friends.

△ Tim and Corey were ready to fight but Angie helped them to shake hands instead.

Close your eyes. Be very still. Thank God for giving you the freedom to make choices. Ask God to help you to make loving choices that Jesus wants His friends to make.

Para la familia

Durante la preparación para el sacramento de la Reconciliación, refuerce en el niño la idea de que la Reconciliación es un sacramento maravilloso del perdón, el gozo y la paz de un Dios amoroso. Es importante que desde el principio trate de ofrecer al niño una actitud positiva hacia este sacramento. La primera lección centra su atención en la libertad que Dios nos da de elegir y como aprendemos a tomar decisiones con amor.

1. Lea la lección con el niño. Pídale que le cuente la historia del hijo perdido y las decisiones que tomó. Hágale notar que Dios es como el padre de la historia quien siempre nos ama y perdona cuando nos arrepentimos.

2. Algunas veces tenemos que tomar decisiones difíciles. Asegure al niño que usted siempre estará con él cuando tenga que tomar decisiones difíciles. Revise con su niño los pasos para tomar decisiones en la página 16.

3. Refuerce que las decisiones, correctas o no, las tomamos deliberadamente y a propósito. No desobedecemos a Dios cuando cometemos un error o tenemos un accidente; así que no son pecados. Asegúrese de que el niño entiende este principio repasando la actividad en la página 18.

En la casa

En los espacios en blanco escribe la letra que corresponde al color de la figura.

A	B	C	D	E	G	H	I	L	N	O	R	S	T	U
●	■	▲	▬	◆	●	■	▲	▬	◆	●	■	▲	▬	◆

1. Aprendemos a __(E)__ __ __ __ __ __ __ lo bueno y lo malo.

2. Debemos __ __ __ __ __ __ con Dios sobre nuestras decisiones.

3. Queremos hacer las cosas __ __ __ __ __ __ que hizo Jesús.

4. No es fácil __ __ __ __ __ __ amar como Jesús.

5. Podemos tener un __ __ __ __ __ __ __ __ __ .

6. Algunas veces cometemos __ __ __ __ __ __ __ .

Ahora escribe las letras encerradas en ⬤ para completar esta oración.

Dios nos da el regalo de ◯ ◯ ◯ ◯ ◯ ◯ .

                  1   2   3   4   5   6

¿Cómo usarás hoy ese regalo de Dios?

2 Cumpliendo la ley de Dios

¿Por qué crees que las leyes y las reglas son importantes?

¿Cuáles son algunas reglas y leyes que tenemos que cumplir? ¿Cómo nos ayudan?

¿Cómo sería la familia, la escuela, la comunidad, sin ellas?

¿Qué pasaría si …

* jugaras en la computadora toda la noche?

* no hubieran semáforos?

* pudieras llevar a la escuela todo lo que quisieras?

¿Qué pasaría si …

* todos obedeciéramos las leyes de recircular materiales?

* los niños nunca jugaran con fósforos?

* todo el mundo fuera tratado justamente?

Escriban que ley o regla pueden ver en las señales de estos lugares.

* en un parque zoológico

* en el cruce de una vía de tren

* en una biblioteca

¿Por qué son buenas reglas?

Porque Dios nos ama, nos dio leyes para ayudarnos. ¿Por qué el pueblo de Dios necesita reglas y leyes? Compartan sus ideas.

Oremos:

† Querido Dios, enséñanos tu ley. Ayúdanos a seguirla.

Do you think rules and laws are important? Tell why.

Tell about some rules and laws that you have to follow. How do they help you?

What would your family, your school, or your community be like without them?

Tell what might happen if . . .

* you played with the computer all night.
* there were no traffic lights.
* you could talk in class anytime you wanted.

Tell what might happen if . . .

* everyone obeyed the recycling rules.
* children never played with matches.
* everyone were treated fairly.

Write what rule or law you might see on signs in these places.

* at a zoo park
* at a railroad crossing
* in a library

Tell why these are good rules.

Because God loves us so much, He gives us laws to help us. Why do God's people need rules and laws? Share your ideas.

Let's pray.

† Dear God, teach us Your law. Help us to follow it.

La ley más importante

¿Qué contestarían si alguien les preguntara cuál es la ley más importante?

Una vez, alguien hizo esta pregunta a Jesús:

"Maestro, ¿cuál es el mandamiento más grande que Dios nos ha dado?"

Jesús le contestó:

"El mayor de los mandamientos es: amarás al Señor tu Dios con todo tu corazón, con toda tu alma y con toda tu mente. Amarás al prójimo como a ti mismo".
Basado en Mateo 22:35–39

A este gran mandamiento le llamamos la Ley del Amor.

Jesús dijo que la ley más importante es el amor; amar a Dios, amar a los demás y amarnos a nosotros mismos. Cuando obedecemos esta gran Ley del Amor, hacemos lo que Dios quiere que hagamos.

Vamos todos a repetir la Ley del Amor. ¿Pueden recitarla de memoria?

The Most Important Law

What if someone asked you to name the most important law of all? What would you say?

One day someone asked Jesus that question.

"Teacher," he said to Jesus, "which is the greatest commandment that God gave us?"

Jesus answered,

"The greatest commandment is this: Love the Lord your God with all your heart, with all your soul, and with all your mind. Love your neighbor as you love yourself."
Based on Matthew 22:35–39

We call this greatest commandment the Law of Love.

Jesus said that the most important law is love—love of God, love of others, and love of ourselves. When we obey this great Law of Love, we do what God wants us to do.

Let's say the Law of Love together. Can you learn it by heart?

La ley de Dios

Mostramos que amamos a Dios, a los demás y a nosotros mismos cuando cumplimos los Diez Mandamientos. Ellos nos ayudan a vivir la Ley del Amor, como lo hizo Jesús.

Los Diez Mandamientos nos dicen como Dios quiere que mostremos amor. Algunas veces la gente decide no cumplir la ley de Dios. Se aleja del amor de Dios. Peca.

Pecado es elegir libremente hacer lo que sabemos está mal. Quiere decir que desobedecemos la ley de Dios a propósito. Todo pecado es malo.

El pecado hiere a los miembros de la familia de Dios y también al que lo comete. Cuando pecamos, elegimos no amar a Dios ni a nosotros. Aun cuando pecamos, Dios nos ama. Dios siempre nos perdona cuando nos arrepentimos y tratamos de no pecar otra vez.

Miren la página 26 para aprender como los Diez Mandamientos nos enseñan a amar como Dios quiere que amemos. Explica como las personas en las fotos en estas páginas están cumpliendo los mandamientos.

God's Law

We show that we love God, others, and ourselves when we follow the Ten Commandments. They help us to live the Law of Love, as Jesus did.

The Ten Commandments tell us how God wants us to show our love. Sometimes people choose not to follow God's law. They turn away from God's love. They sin.

Sin is freely choosing to do what we know to be wrong. It means disobeying God's law on purpose. All sins are wrong.

Sin hurts us and hurts the members of God's family, too. When we sin, we choose not to love God or others or ourselves. Even when we sin, God does not stop loving us. God always forgives us when we are sorry and try not to sin again.

Look at page 27 to learn how the Ten Commandments teach us to love as God wants. Tell how the people in the pictures on these pages are following the commandments.

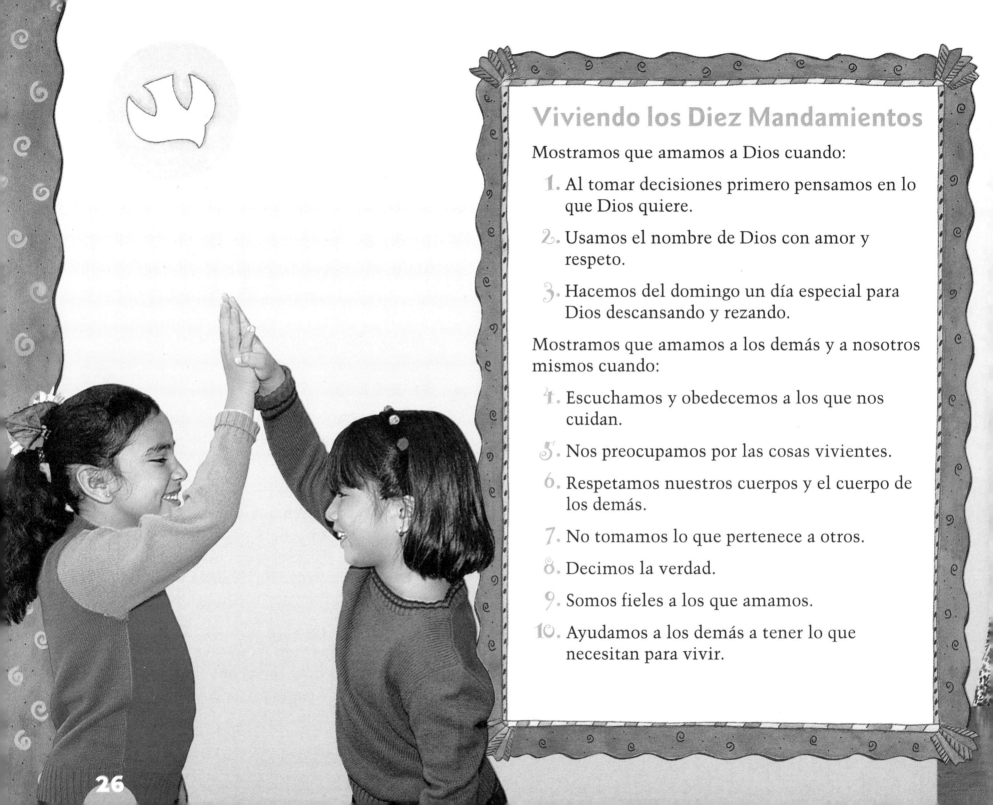

Viviendo los Diez Mandamientos

Mostramos que amamos a Dios cuando:

1. Al tomar decisiones primero pensamos en lo que Dios quiere.

2. Usamos el nombre de Dios con amor y respeto.

3. Hacemos del domingo un día especial para Dios descansando y rezando.

Mostramos que amamos a los demás y a nosotros mismos cuando:

4. Escuchamos y obedecemos a los que nos cuidan.

5. Nos preocupamos por las cosas vivientes.

6. Respetamos nuestros cuerpos y el cuerpo de los demás.

7. No tomamos lo que pertenece a otros.

8. Decimos la verdad.

9. Somos fieles a los que amamos.

10. Ayudamos a los demás a tener lo que necesitan para vivir.

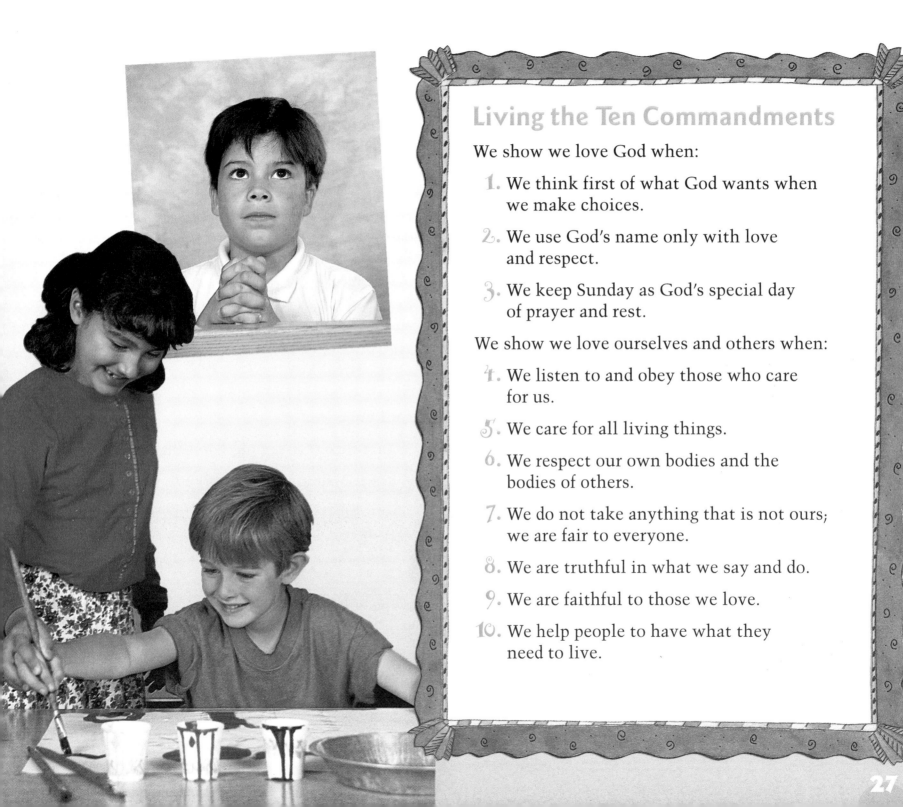

Living the Ten Commandments

We show we love God when:

1. We think first of what God wants when we make choices.

2. We use God's name only with love and respect.

3. We keep Sunday as God's special day of prayer and rest.

We show we love ourselves and others when:

4. We listen to and obey those who care for us.

5. We care for all living things.

6. We respect our own bodies and the bodies of others.

7. We do not take anything that is not ours; we are fair to everyone.

8. We are truthful in what we say and do.

9. We are faithful to those we love.

10. We help people to have what they need to live.

Haciendo lo que Dios quiere

Dibuja una 😊 al lado de la oración que expresa como seguir los mandamientos de Dios.

Dibuja una 🙁 al lado de la oración que no expresa como seguir la ley de Dios.

- ◯ Cuando al tomar decisiones, sólo pensamos en lo que queremos.
- ◯ Hago del domingo un día especial rezando a Dios con mi parroquia en la Misa.
- ◯ Escucho y obedezco lo que mis padres dicen.
- ◯ Cuando no soy amable con personas que no me caen bien.
- ◯ Pido permiso para usar la bicicleta de mi amigo.
- ◯ Cumpliré los mandamientos de Dios hoy

_____ .

Los niños se van a turnar para leer las frases en la página 26. Después de cada una vamos a rezar:

† Dios de amor, ayúdanos a hacer lo correcto.

Doing What God Wants

Draw a 😊 beside the sentences that tell how to follow God's commandments.

Draw a 🙁 beside the sentences that do not tell about following God's laws.

- ◯ When I make a choice, I think only of what I want.
- ◯ I keep Sunday as a special day to pray to God with my parish at Mass.
- ◯ I listen to and follow what my parents tell me.
- ◯ I am unkind to people I don't like.
- ◯ I ask to use my friend's bike to go to the park.
- ◯ I will keep God's commandments today by

_____ .

Now, with your group, read in turn one of the sentences on page 27. After each one, pray together:

† Loving God, help us to do what is right.

En esta lección los niños aprenden que la Ley del Amor y los Diez Mandamientos son las leyes que Dios nos ha dado para ayudarnos a vivir como El quiere que vivamos. Discuta con el niño algunas de las reglas de la familia. Luego hablen de las leyes de Dios. Recalque que Dios nos da las leyes para ayudarnos a vivir una vida sana y feliz.

Se dará cuenta de que los verdaderos Diez Mandamientos no son enseñados. A los niños se les enseña como vivir los mandamientos. Son explicados en forma tal que los niños puedan entenderlos y relacionarse con ellos. Si quiere revisar los mandamientos, vea la página 26. (También puede encontrarlos en la Biblia en Exodo 20:1–17).

1. Pida a su niño le explique la historia bíblica sobre el mayor de los mandamientos. Repasen la Ley del Amor y las explicaciones de los Diez Mandamientos en la página 26.

2. Ayude al niño a entender que el pecado es una decisión libre de hacer lo que es malo. No pecamos si no elegimos hacerlo. Asegúrese de que su niño sabe que Dios siempre nos perdona cuando estamos arrepentidos.

3. Juntos hagan la actividad **En la casa**.

En la casa

Habla con tu familia acerca de las formas en que tratarás de vivir la Ley del Amor esta semana.

Corta el grabado del molinete que está al final del libro.

Lee el mensaje en el molinete.
Compártelo con tu familia.
Luego usa el molinete como centro
de mesa en la casa.

3 Arrepentidos y perdonados

¿Cómo terminarían cada historia?
Vamos a compartirlo con el grupo.

Carlos y Pedro pelearon. Ambos se pusieron nombres. Querían herirse uno al otro. El hermano mayor de Carlos los separó. "Quietos, esa no es la forma de resolver los problemas", dijo. Carlos y Pedro respiraron profundamente. Se calmaron. Luego ellos

_____

_____

Laura recibió una nueva computadora como regalo de cumpleaños. La llevó a la escuela para mostrarla a sus amigos. Cuando Marcos la vio se puso celoso. Desde hacía mucho tiempo quería una igual. Arrebató el juguete de las manos de Laura y lo tiró al piso. Luego Marcos hizo esto

_____

_____

¿Qué creen que Dios quiere que hagamos cuando hacemos algo malo?

How would you end each story? Share with your group.

Ben and Tony had a fight. They called each other bad names. They wanted to hurt each other. Tony's big brother pulled them apart. "Calm down," he said. "This is no way to settle things." Ben and Tony took deep breaths. They calmed down. Then they

_____

_____

Laura received a new computer game for her birthday. She brought it to school to show her friends. When Mark saw it, he was jealous. He had wanted one like that for a long time. So he grabbed the game and threw it. Then this is what Mark did.

_____

_____

What do you think God wants us to do when we do something wrong?

La que fue perdonada

En los tiempos de Jesús la gente usaba sandalias. Las calles eran de tierra. Cuando alguien era invitado a una casa, el anfitrión pedía a un sirviente lavar los pies del visitante. Era un acto de cortesía y bienvenida.

Un día, Simón, un hombre importante del pueblo, invitó a Jesús a comer en su casa. Sin embargo, Simón no fue cortés con Jesús. No le ofreció agua para lavarse los pies.

Durante la comida, una mujer que había pecado mucho entró a la casa. Ella se arrodilló a los pies de Jesús. Lloró tanto, que sus lágrimas lavaron los pies empolvados de Jesús. Ella quería que Jesús viera lo arrepentida que estaba por sus pecados.

The One Who Was Forgiven

In Jesus' time people wore sandals. The roads were very dusty. When guests were invited to someone's house, the host would have a servant wash their feet with water to make them feel comfortable. It was an act of welcome, of courtesy.

One day, Simon, an important man in town, invited Jesus to his house for dinner. Simon, however, did not welcome Jesus with courtesy. He did not offer Jesus water to have His feet washed.

During the dinner, a woman who had committed many sins came in. She knelt at Jesus' feet. She cried so hard that her tears washed the dust from His feet. She wanted Jesus to know how sorry she was for her sins.

Simón se enojó y dijo a Jesús: "¿no conoces a esa mujer? Ella es una pecadora. No debes permitir que esté cerca de ti".

Jesús le dijo: "Simón, cuando entré a tu casa no me ofreciste agua para mis pies. Esta mujer ha lavado mis pies con sus lágrimas. Te digo Simón, todos sus pecados han sido perdonados por su gran amor".

Luego Jesús dijo a la mujer: "Tus pecados te son perdonados. Vete en paz".
Basado en Lucas 7:36–40, 44–50

¿Por qué Jesús perdonó a la mujer?

¿Qué quiere Jesús que hagamos cuando cometemos un pecado?

¿Qué quiere Jesús que hagamos cuando alguien nos hace algo malo? ¿Por qué?

Simon was very angry. He said to Jesus, "Don't you know this woman? She is a sinner. You shouldn't let her be near you!"

Jesus said, "Simon, when I came to your house, you gave me no water for my feet. This woman has washed my feet with her tears. I tell you, Simon, all her sins have been forgiven because of her great love."

Then He said to the woman, "Your sins are forgiven. Go in peace."
Based on Luke 7:36–40, 44–50

Why did Jesus forgive the woman?

What do you think Jesus wants us to do when we have done something wrong?

What does Jesus want us to do when someone does something wrong to us? Why?

Perdón en acción

Demuestro que estoy arrepentido cuando…

_____

_____

_____

_____

Demuestro que perdono cuando…

_____

_____

_____

_____

Forgiveness in Action

I show I am sorry by…

_____

_____

_____

_____

I show I forgive someone by…

_____

_____

_____

_____

Arrepentido, reconciliado

Jesús sabía que la mujer estaba arrepentida de sus pecados. Jesús sabe cuando estamos arrepentidos. Al igual que la mujer, seremos perdonados, sin importar lo que hagamos, si nos arrepentimos.

Algunas veces no es suficiente decir "lo siento". Estar arrepentido también significa querer hacer las paces, o reconciliarse, con aquellos a quienes hemos herido. Significa tratar de no pecar otra vez.

Reconciliación es el sacramento por medio del cual celebramos la misericordia de Dios y el perdón de nuestros pecados.

Cuando celebramos el sacramento de la Reconciliación, decimos a Dios que estamos arrepentidos de haber hecho mal. Prometemos no pecar otra vez y tratar de hacer las cosas bien. Dios siempre nos perdona.

Hacemos una oración especial de arrepentimiento cuando celebramos la Reconciliación. Es llamada Acto de Contrición. Contrición es arrepentimiento del pecado.

Being Sorry, Being Reconciled

Jesus knew that the woman was sorry for all her sins. Jesus understands when we are sorry, too. Like the woman, we will be forgiven, no matter what we have done, when we are sorry.

Sometimes it is not enough just to say "I'm sorry." Being sorry also means wanting to make up, or to be reconciled, with those we have hurt. It means trying not to sin again.

Reconciliation is the sacrament in which we celebrate God's mercy and forgiveness of our sins.

When we celebrate the sacrament of Reconciliation, we tell God that we are sorry for what we have done wrong. We promise not to sin again and to try to make things right. God always forgives us.

We say a special prayer of sorrow when we celebrate Reconciliation. It is called an Act of Contrition. Contrition is sorrow for sin.

Trata de memorizar este Acto de Contrición.

Acto de Contrición

Dios mío,
con todo mi corazón me arrepiento
de todo el mal que he hecho y de todo
lo bueno que he dejado de hacer.
Al pecar, te he ofendido a ti, que eres
el supremo bien y digno de ser amado
sobre todas las cosas.

Decimos a Dios que estamos arrepentidos.

Propongo firmemente, con la ayuda
de tu gracia, hacer penitencia, no
volver a pecar y huir de las ocasiones
de pecado.

Prometemos no pecar otra vez. Tratamos de hacer reparación por nuestros pecados.

Señor, por los méritos de la pasión de
nuestro Salvador Jesucristo, apiádate
de mí. Amen.

Pedimos a Dios que nos perdone en el nombre de Jesús.

Try to learn this Act of Contrition by heart.

Act of Contrition

My God,
I am sorry for my sins with all my heart.
In choosing to do wrong
and failing to do good,
I have sinned against you
whom I should love above all things.

We tell God we are sorry.

I firmly intend, with your help,
to do penance,
to sin no more,
and to avoid whatever leads me to sin.

We promise not to sin again. We try to make up for our sins.

Our Savior Jesus Christ
suffered and died for us.
In his name, my God, have mercy.

We ask God to forgive us in Jesus' name.

Perdón y paz

Explica a alguien lo que pasa en el sacramento de la Reconciliación.

¿Hay alguien a quien tienes que decir "lo siento"? ¿Lo harás? ¿Cómo? ¿Hay alguien a quien necesitas perdonar? ¿Lo harás? ¿Cómo?

Vamos a rezar esta oración que nos habla del perdón de Dios.

Forgiveness and Peace

Explain to someone what happens in the sacrament of Reconciliation.

Is there someone to whom you need to say "I'm sorry?" Will you? How? Is there someone you need to forgive? Will you? How?

Together with your friends pray this prayer that tells about God's forgiveness.

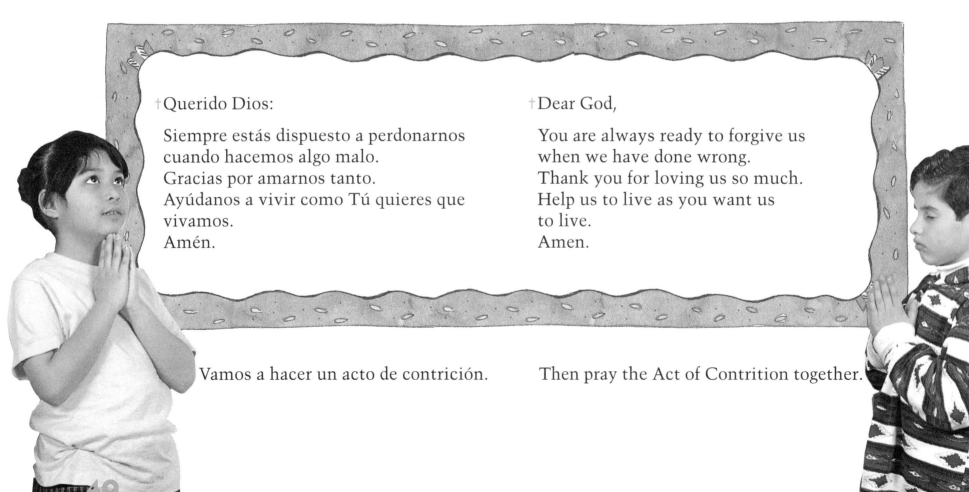

† Querido Dios:

Siempre estás dispuesto a perdonarnos
cuando hacemos algo malo.
Gracias por amarnos tanto.
Ayúdanos a vivir como Tú quieres que
vivamos.
Amén.

† Dear God,

You are always ready to forgive us
when we have done wrong.
Thank you for loving us so much.
Help us to live as you want us
to live.
Amen.

Vamos a hacer un acto de contrición.

Then pray the Act of Contrition together.

Para la familia

Puede comenzar el repaso de esta lección conversando sobre un incidente familiar en el que un familiar dijo: "Lo siento". Brevemente discutan por qué esas palabras fueron importantes. Pregúntele al niño lo que significan esas palabras.

1. Luego lea las historias al principio del capítulo para ver cómo el niño entiende que estar arrepentido de los pecados requiere más que palabras. Debemos hacer las paces con la persona que hemos herido. Debemos prometer no pecar más.

2. Invite al niño a contar la historia de la mujer a quien Jesús perdonó. Pregúntele *por qué* Jesús la perdonó. ¿Por qué ella dijo "lo siento"?

3. En el sacramento de la Reconciliación, rezamos una oración especial de arrepentimiento llamada Acto de Contrición. Ayude al niño a memorizarla. Hay diferentes actos de contrición que se pueden usar. Sugerimos que el niño aprenda de memoria el que aparece en la página 38.

4. Ayude al niño con la actividad **En la casa**.

En la casa

Cuando hacemos algo malo, decimos:

"Por favor _____".

Cuando una persona nos ha herido decimos:

"Te _____". Hemos aprendido que cuando estamos

arrepentidos, Dios siempre nos _____.

Encuentra una palabra al colorear los espacios donde hay una "X".

Reza un Padre Nuestro con tu familia.
Escucha atentamente las palabras al tiempo que lo rezas.

4 Examen de conciencia

Vamos a sentarnos en un círculo. Mientras todos cantamos una canción, un niño camina alrededor del círculo y toca a alguien en el hombro. Ese niño se para y toma de la mano al niño que ya está fuera del círculo. El segundo niño entonces toca a otro que también se une a ellos fuera del círculo.

Canten la siguiente canción hasta que todos estén de pie agarrados de las manos.

♪ Somos hijos de Dios,
somos hijos de Dios,
somos hijos de Dios,
rezamos con amor. ♪

Hablen de lo que significa ser hijos de un Dios que ama.
¿Cómo sabes cuando estás viviendo el amor de Dios?

Algunas veces es fácil distinguir lo malo de lo bueno. Algunas veces es difícil saber cual es la mejor decisión que podemos tomar.

¿Qué haces para tomar buenas decisiones?
¿Qué preguntas haces?
¿Quiénes te ayudan?

Reza al Espíritu Santo pidiéndole te dirija. Comparte tu oración con un amigo.

Jesús quiere que sepamos cuanto Dios nos ama y cuida, aun cuando hacemos algo malo. He aquí una historia contada por Jesús.

Sing the song (to the tune of "Go Round and Round the Village") until everyone is standing up holding hands.

🎵Go round and round God's love ring,
Go round and round God's love ring,
Go round and round God's love ring,
And find someone who cares. 🎵

Talk about what it means to be loving children of God.
How do you know when you are living God's love?

Sometimes it is easy to tell right from wrong. Sometimes it is hard to know the best choices we should make.

What do you do to make good choices?
What questions do you ask?
What people help you?

Make up a prayer asking the Holy Spirit to guide you. Share your prayer with a friend.

Jesus wanted us to know how much God loves and cares for us — even when we do things that are wrong. Here is a story He told.

Sit in a circle. As everyone sings the song, one child walks around the circle and taps someone on the shoulder. That person stands up and joins hands with the child outside the circle. The second child taps another who then joins the outside circle.

La Oveja Perdida

Había una vez un pastor que tenía cien ovejas. El las quería a todas. Un día una de las ovejas se perdió. El pastor estaba tan preocupado que dejó todas las demás para ir a buscarla.

Después de una larga búsqueda, el pastor encontró a la oveja perdida. El la tomó con delicadeza y la llevó en sus hombros a la casa.

El pastor estaba muy contento. Llamó a sus amigos: "Vengan a celebrar, encontré mi oveja perdida".

Luego Jesús dijo a la gente que hay un gran gozo en el cielo cuando un pecador se arrepiente verdaderamente.

Basado en Lucas 15:4–7

Jesús es el Buen Pastor. El nos ama y nos cuida. Cuando hacemos algo malo y verdaderamente nos arrepentimos, él se llena de gozo.

The Lost Sheep

Once there was a shepherd who had one hundred sheep. He cared for all of them. One day one of the sheep got lost. The shepherd was so worried about the lost sheep that he left all the others to go and look for it.

After a long search, the shepherd found the lost sheep. He picked it up gently and carried it home on his shoulders.

The shepherd was full of joy. He called to his friends, "Come, and celebrate! I have found my lost sheep."

Then Jesus told the people that there is great joy in heaven when a sinner is truly sorry.

Based on Luke 15:4–7

Jesus is our Good Shepherd. He loves and cares for us. When we do what is wrong and are truly sorry, He is full of joy.

Sabemos lo que está bien y lo que está mal

En la historia Jesús no dice que la oveja no sabía que estaba haciendo algo malo.

Las personas somos diferentes a las ovejas. Nosotros sabemos si la decisión que estamos tomando es buena o no. Llamamos conciencia a saber distinguir entre lo bueno y lo malo. La conciencia nos ayuda a saber lo que es malo y lo que es bueno.

Antes de celebrar el sacramento de la Reconciliación, pedimos a Dios Espíritu Santo que nos ayude a recordar nuestros pecados. Esto es llamado examen de conciencia.

Pensamos en cuando hemos tomado malas decisiones, o cuando hemos hecho algo malo. También recordamos cuando debimos haber hecho algo bueno y no lo hicimos. Nos preguntamos si hemos vivido como Jesús quiere que vivamos.

We Know Right from Wrong

In the story Jesus told, the lost sheep did not know it was doing something wrong.

People are different from sheep. We can know whether our choices are good or bad. We call this way of knowing right from wrong our conscience. Conscience helps us to know what is right and what is wrong.

Before we celebrate the sacrament of Reconciliation, we ask God the Holy Spirit to help us remember our sins. This is called an examination of conscience.

We think about the times we made a bad choice, or did what was wrong. We also remember the times we should have done good things but did not. We ask ourselves whether we have been living as Jesus wants us to live.

He aquí algunas preguntas para ayudarles a examinar la conciencia.

Examen de conciencia

1. Cuando tomo mis decisiones, ¿olvido algunas veces pensar primero en lo que Dios quiere que haga? ¿He hecho lo que Dios quiere?

2. ¿He usado el nombre de Dios en vano?

3. ¿He ido a misa todos los domingos?

4. ¿He desobedecido a los mayores que me cuidan?

5. ¿Me he enojado o he sido cruel con alguien?

6. ¿He olvidado respetar mi cuerpo o el cuerpo de otros?

7. ¿He tomado algo que no es mío o he tratado a otro injustamente?

8. ¿He dicho siempre la verdad?

9. ¿He herido a alguien con lo que he dicho o hecho? ¿He estado celoso de alguien?

10. ¿Me he negado a ayudar a alguien en necesidad? ¿He sido egoísta?

Here are some questions to help you to examine your conscience.

Examination of Conscience

1. When I make choices, do I sometimes forget to think first about what God wants me to do? Have I done what God wants?

2. Have I used the name of God or Jesus in a bad way?

3. Did I worship God at Mass each Sunday?

4. Have I disobeyed the grown-ups who take care of me?

5. Have I been angry with or cruel to others?

6. Have I forgotten to show respect for my body and the bodies of others?

7. Have I taken anything that is not mine or treated others unfairly?

8. Have I always told the truth?

9. Have I hurt someone by what I have said or done? Have I been jealous of others?

10. Have I refused to help people who are in need? Have I been selfish?

El Buen Pastor

Escenifiquen la historia de la Oveja Perdida. Muestren como creen se sintió la oveja cuando se perdió y como se sintió cuando fue encontrada. ¿Cómo se sintió el pastor cuando encontró a la oveja y la llevó a la casa?

Vamos a rezar esta oración.

† Jesús, estás siempre dispuesto a perdonarnos. Cuando estamos perdidos, tú nos traes a casa.

The Good Shepherd

Act out the story of the lost sheep with your friends. Show how you think the sheep felt when it was lost, and how it felt to be found. How did the shepherd feel when he found and carried his sheep home?

Pray this prayer together.

† Jesus you are always ready to forgive us.
When we have strayed,
You carry us back home.

Esta lección sobre el examen de conciencia es muy importante para los niños. El examen de conciencia debe presentarse en el contexto del amor y el cuidado que Dios tiene por nosotros expresado especialmente, en el amor y cuidado en la casa y en la comunidad de fe. No queremos que nuestros niños tengan una conciencia escrupulosa. Debemos ayudarles a estar conscientes de sus responsabilidades como miembros bautizados de la Iglesia. También queremos ayudarles a estar conscientes del gran amor y misericordia de Cristo, quien los apoya cuando hacen lo que es correcto y los perdona cuando hacen algo malo.

La conciencia es el conocimiento que tenemos de lo que es bueno y lo que es malo. En los pequeños debe desarrollarse con delicadeza y consistencia.

1. Lean la lección. Invite al niño a contarle la historia de la Oveja Perdida. Pregúntele cómo nosotros podemos ser ovejas perdidas cuando hacemos lo que está mal.

2. Repasen las preguntas del examen de conciencia de la página 48. Su niño puede sugerir otras preguntas. Usted puede añadir otras que crea útiles.

3. Recen la oración que su niño aprendió en la página 50. Ayude al niño a hacer la actividad **En la casa**.

En la casa

Ayuda al pastor a encontrar la oveja perdida. Usa un lápiz de color o un marcador.

Después de ayudar al pastor a encontrar la oveja perdida, reza la oración con tu familia.

† Jesús, eres el Buen Pastor. Guíanos y protégenos. Ayúdanos siempre a tomar buenas decisiones con amor. Amén.

5 Celebrando la Reconciliación

Vamos a escenificar esta historia bíblica.

Lector 1: Un hombre llamado Zaqueo vivía en el pueblo de Jericó. El era cobrador de impuestos y muy rico. La gente del pueblo no quería saber de él porque él los había engañado.

Un día Jesús fue a Jericó. Una multitud le esperaba. Zaqueo también quería ver a Jesús. Pero Zaqueo no podía ver por encima de las cabezas de la gente porque era muy pequeño.

Zaqueo: ¡No puedo ver a Jesús! ¿Qué puedo hacer? Subiré a este árbol.

Lector 2: Zaqueo subió al árbol. Cuando Jesús pasó por el lugar miró y dijo:

Jesús: Zaqueo, baja rápido. Quiero quedarme en tu casa hoy.

Lector 3: Zaqueo bajó rápido. ¡Estaba contento! Jesús quería quedarse en *su* casa.

Act out this gospel play together.

Reader 1: A man named Zacchaeus lived in the town of Jericho. He was a tax collector and a very rich man. The people of the town did not like him because he had cheated them.

One day Jesus was going to Jericho. A large crowd had gathered to see Him. Zacchaeus also wanted to see Jesus. But Zacchaeus could not see over the people's heads because he was short.

Zacchaeus: I can't see Jesus! I know what I'll do. I'll climb up this tree.

Reader 2: So Zacchaeus climbed the tree. Soon Jesus came by. He looked up and said,

Jesus: Zacchaeus, come down quickly! I want to stay at your house today.

Reader 3: Zacchaeus jumped down. He was so happy! Jesus wanted to stay at *his* house.

Todos: (descontentos) Jesús se va quedar en la casa de este cobrador de impuestos. Zaqueo es un pecador. El nos ha engañado.

Zaqueo: Jesús, estoy arrepentido de todo el mal que he hecho. Voy a dar la mitad de lo que tengo a los pobres. Si he engañado a alguien, prometo devolverle cuatro veces lo que le debo.

Lector 4: Jesús sabía que Zaqueo estaba verdaderamente arrepentido de sus pecados. Jesús perdonó a Zaqueo y dijo:

Jesús: Zaqueo, hoy te traigo el perdón y la paz.

¿Por qué crees que Jesús perdonó a Zaqueo?

¿Estaba Zaqueo verdaderamente arrepentido?
¿Cómo lo demostró?
Dibújalo.

¿Por qué crees que Jesús nos perdona?

All: (grumbling) Jesus is going to stay at the house of this tax collector. Zacchaeus is a sinner. He cheated us.

Zacchaeus: Jesus, I am sorry I have done wrong things. I am going to give half of all I have to the poor. If I have cheated anyone, I promise to give back four times what I owe.

Reader 4: Jesus knew Zacchaeus was truly sorry for his sins. Jesus forgave Zacchaeus. He said,

Jesus: Today, Zacchaeus, I bring you forgiveness and peace.

Why do you think Jesus forgave Zacchaeus?

Was Zacchaeus really sorry?
How did he show it?
Draw the picture.

Why do you think Jesus forgives us?

Zaqueo muestra arrepentimiento.

Zacchaeus shows he is sorry.

El sacramento de la paz

En la Reconciliación, Jesús comparte con nosotros, de forma especial, el perdón y la paz de Dios. El perdona nuestros pecados. Jesús nuevamente nos hace uno con él y la Iglesia.

Jesús dio a los apóstoles el poder de perdonar los pecados en su nombre. El dijo: "Reciban el Espíritu Santo, a quien le perdonen los pecados le serán perdonados". Por el poder del Espíritu Santo el sacerdote perdona los pecados en nombre de Jesús.

Celebramos el sacramento de la Reconciliación de dos formas. Celebramos el sacramento *solos* con el sacerdote. También lo celebramos *junto* con la familia parroquial y el sacerdote.

En ambas celebraciones, vamos a hablar con el sacerdote. Podemos hablar con él cara a cara o en el confesionario. Le decimos nuestros pecados a Dios al decirlos al sacerdote. Esto es *confesar*.

En ambas formas de Reconciliación le decimos a Dios que estamos arrepentidos de nuestros pecados. Prometemos no pecar más. Dios nos perdona y estamos en paz con Dios y con los demás.

The Sacrament of Peace

Jesus shares with us God's forgiveness and peace in a special way in the sacrament of Reconciliation. He forgives our sins. Jesus makes us one again with Him and with the Church.

Jesus gave His apostles the power to forgive sins in His name. Jesus said to them, "Receive the Holy Spirit. Whose sins you shall forgive will be forgiven." By the power of the Holy Spirit, the priest forgives sins in Jesus' name, too.

We can celebrate the sacrament of Reconciliation in two ways. We can celebrate the sacrament *alone* with the priest. Or we can also celebrate the sacrament *together* with the priest and our parish family.

In each of these celebrations, we go one by one to talk to the priest. We can talk to him face-to-face or from behind a screen. We tell our sins to God by telling them to the priest. This is called making our *confession*.

In both ways of celebrating Reconciliation, we tell God we are sorry for our sins. We promise not to sin again. God forgives us, and we are at peace with God and one another.

Rito de Reconciliación individual

Cuando celebramos la Reconciliación solos con el sacerdote, lo hacemos así:

* Nos preparamos para el sacramento haciendo un examen de conciencia.

* Entramos donde está el sacerdote. El nos recibe en nombre de la Iglesia. Juntos hacemos la señal de la cruz.

* Escuchamos. El sacerdote puede leernos una historia bíblica sobre el amor y el perdón de Dios.

* Confesamos nuestros pecados a Dios cuando los decimos al sacerdote. El sacerdote nunca dice a nadie lo que le decimos bajo confesión.

* El sacerdote nos ayuda a recordar como Jesús quiere que amemos a Dios y a los demás. Prometemos no pecar más. El sacerdote nos da la penitencia. *Penitencia* es una oración o una obra buena que debemos hacer para mostrar nuestro arrepentimiento a Dios.

* Rezamos un acto de contrición. Prometemos tratar de no volver a pecar.

* El sacerdote dice las palabras de la absolución. *Absolución* significa que nuestros pecados son perdonados.

* Damos gracias a Dios por perdonar nuestros pecados en este maravilloso sacramento. Sabemos que somos amigos de Dios. Estamos en paz.

Individual Rite of Reconciliation

When we celebrate Reconciliation by ourselves with the priest, this is what we do.

- We get ready to celebrate the sacrament by making an examination of conscience.

- We go into the reconciliation room to meet with the priest. He greets us in God's name and in the name of the Church. We make the sign of the cross together.

- We listen. The priest may read a story to us from the Bible about God's love and forgiveness.

- We confess our sins to God. We do this by telling our sins to the priest. The priest will never tell anyone what we say in confession!

- The priest helps us remember how Jesus wants us to love God and one another. We promise not to sin again. The priest then gives us a penance. A *penance* is a prayer or good work we do to show God we are sorry.

- We pray an act of contrition. We promise to try not to sin again.

- The priest prays the words of absolution. *Absolution* means that our sins are forgiven.

- We thank God because our sins have been forgiven in this wonderful sacrament. We know that we are God's friends. We are at peace.

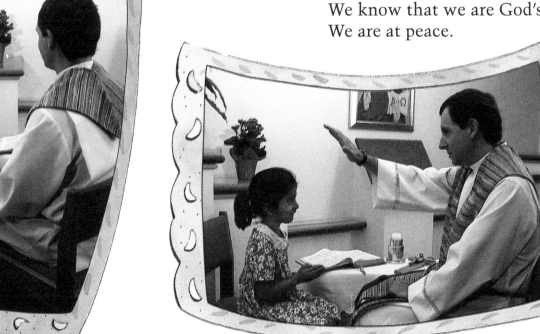

Rito de Reconciliación con la comunidad

Cuando celebramos el sacramento de la Reconciliación con el sacerdote y otras personas de la parroquia lo hacemos así:

* Nos reunimos con nuestra familia parroquial y cantamos una canción. El sacerdote nos da la bienvenida en nombre de toda la Iglesia.

* Escuchamos una historia bíblica sobre la misericordia de Dios. El sacerdote o un diácono explica la historia. Nos recuerda que Dios siempre nos ama y perdona cuando estamos arrepentidos de nuestros pecados.

* Examinamos nuestra conciencia. Pensamos las veces en que no hemos vivido como seguidores de Jesús.

* Juntos rezamos un acto de contrición y un Padre Nuestro. Pedimos a Dios nos ayude a no pecar más.

* El sacerdote se reúne con cada persona. Nos confesamos. El sacerdote nunca dice a nadie lo que le decimos en la confesión.

* El sacerdote nos da la penitencia.

* Luego dice las palabras de absolución. Significa que nuestros pecados son perdonados.

* Después que todos terminamos de confesarnos con el sacerdote nos reunimos.

* Damos gracias a Dios por perdonar nuestros pecados. Sabemos que somos amigos de Dios.

* El sacerdote nos bendice. Nos pide llevar la paz de Jesús a otros.

* Cantamos una canción de gracias a Dios por su perdón.

All topics are available both sessions unless otherwise noted.

Foundational Topics:

F#4	What is Faith?	Laurel McGrane
F#8	What about the 10 Commandments and the Gospel?	Sr. Gemma Legel,OSF
F#12	Some Effective Catechetical Techniques	Stacie Battaglia
F#13	The Catechetical Text As a Tool	Sr. Mary Hemmen ,OP
F#14	What is Church?	Sr. Carmen Dominquez,OP
F#17	What is Prayer?	Mary Jane Budai

Enrichment Topics:

E#1	Celebrating Our Differences: Preparation Methods for Learners with Challenging Needs	Maureen O'Reilly
E#2	Prayer/Ritual - Children in Gr. 1-2-3 (4:15 only)	Christine Laing
E#3	Prayer/Ritual - Children Ages 3-4-5 (7:00 only)	Christine Laing
E#4	Grief and Children	Leslie Ferrett

+ Bring this portion with yourself on <u>Thursday,October 23, 1997</u>.
+ We reserve the right to cancel or change topics as necessary.
+ Inquiries about topics should be directed to <u>Jeanne Martin</u> (313) 729-4411 .
+ Direct inquiries about location and facilities to <u>Sr. Pat Donnelly</u> (313) 425-5550.
+ By October 16 - one or two topics plus supper = $15.
+ After October 16 and at the door - $20.
+ <u>PAYMENT MUST ACCOMPANY REGISTRATION.</u>

Junio 22-26- 98
Sagrado corason
dan Todas las classes

Schedule – October 23, 1997

3:30-4:15	Registration
	Hospitality
	Displays
4:15-5:45	Session I
5:45-6:20	Supper
6:30-6:50	Prayer
7:00-8:30	Session II

Choose from 6 Foundational 4 Enrichment Topics

PLEASE REGISTER EARLY

For more information
contact your DRE
or Jeanne Martin
(313) 729-4411

Books & Resources for Sale
Catholic Book Store
Alba House

DIRECTIONS

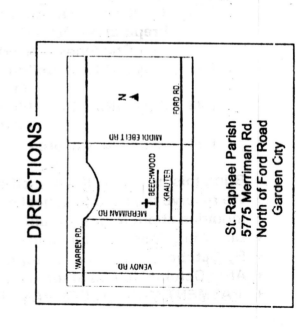

St. Raphael Parish
5775 Merriman Rd.
North of Ford Road
Garden City

Celebrating with Others

When we celebrate the sacrament of Reconciliation with the priest and with other people in our parish, here is what we do.

- We gather with our parish family and sing a song. The priest welcomes us in the name of the whole Church.

- We listen to a story from the Bible about God's mercy. The priest or deacon explains the story. He reminds us that God always loves us and that God forgives us when we are sorry for our sins.

- We examine our conscience. We think about the times we may not have lived as followers of Jesus.

- Together we pray an act of contrition and the Our Father. We ask God to help us not to sin again.

- The priest meets with us one by one. We make our confession. Remember, the priest never tells anyone what we say to him!

- The priest gives us a penance.

- Then the priest says the words of absolution. This means that our sins are forgiven.

- After all have had a turn to meet with the priest alone for confession, we gather together again.

- We thank God because our sins have been forgiven. We are sure that we are God's friends.

- The priest blesses us. He asks us to bring Jesus' peace to others.

- We sing a song to thank God for forgiving us.

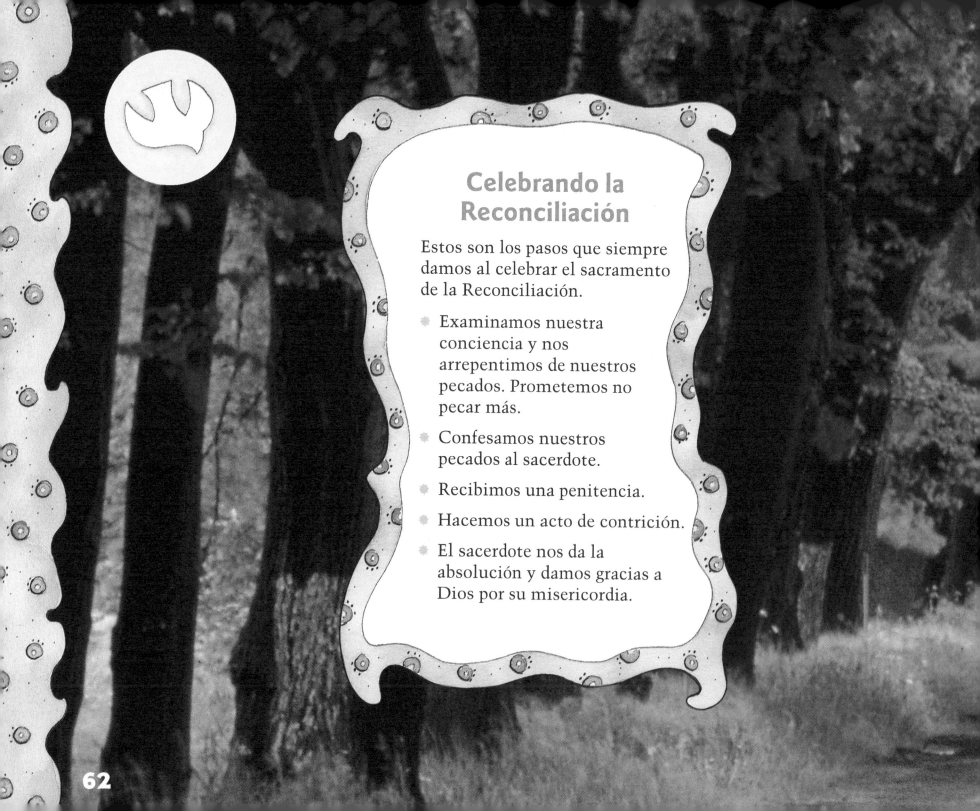

Celebrando la Reconciliación

Estos son los pasos que siempre damos al celebrar el sacramento de la Reconciliación.

- Examinamos nuestra conciencia y nos arrepentimos de nuestros pecados. Prometemos no pecar más.

- Confesamos nuestros pecados al sacerdote.

- Recibimos una penitencia.

- Hacemos un acto de contrición.

- El sacerdote nos da la absolución y damos gracias a Dios por su misericordia.

Celebrating Reconciliation

These steps are always part of the celebration of the sacrament of Reconciliation.

* We examine our conscience and are sorry for our sins. We promise not to sin again.

* We confess our sins to the priest.

* We receive a penance.

* We pray an act of contrition.

* The priest gives us absolution, and we thank God for His mercy.

Nos preparamos

Después de la visita del grupo al lugar de confesar de la parroquia. Hablen de las cosas que vieron. Escojan la forma en la que recibirán el sacramento.

Compartan sus sentimientos y pensamientos sobre el sacramento de Reconciliación que por primera vez van a celebrar.

Recorten el corazón que está al final del libro. Recen la oración. Aten una cinta al corazón y pónganlo en su cuello.

We Prepare

With your group, visit the reconciliation room in your parish church. Talk about the things you see there. Choose the way you would like to receive the sacrament.

Share together your thoughts and feelings about celebrating the sacrament of Reconciliation for the first time.

Cut out the heart in the back of the book. Pray the prayer. Attach a ribbon to the heart and place it around your neck.

Para la familia

En esta lección los niños aprenden las dos formas en que celebramos el sacramento de la Reconciliación: solos con el sacerdote y juntos con el sacerdote y la comunidad.

El niño puede estar confundido y nervioso sobre lo que va a pasar en la primera reconciliación. Repasen la lección despacio y con confianza. Esto ayudará al niño a esperar confiado este importante evento.

1. Invite a todos los miembros de la familia a participar en la obra bíblica al inicio de la lección. Después lean la lección. Ayude al niño a empezar a comprender los efectos del pecado en la comunidad. Porque estamos unidos en Cristo, nuestros actos buenos o no afectan a toda la comunidad.

2. Repase con el niño los pasos de la celebración. Anímelo a escoger la forma en que celebrará el sacramento. Repase con él, el Acto de Contrición en la página 38.

3. Repasen los cinco pasos para celebrar la Reconciliación en la página 62.

4. Invite a toda la familia a participar de la actividad **En la casa**.

En la casa

Nuestras acciones afectan a todo el que está a nuestro alrededor, especialmente los miembros de nuestras familias. Nuestras buenas acciones nos ayudan a crecer. Haz un árbol "acciones hechas con amor" de tu familia, como el que mostramos abajo.

Dibuja una rama por cada miembro de tu familia. Cuando alguien haga una acción con amor, añade una hoja en la rama de esa persona.

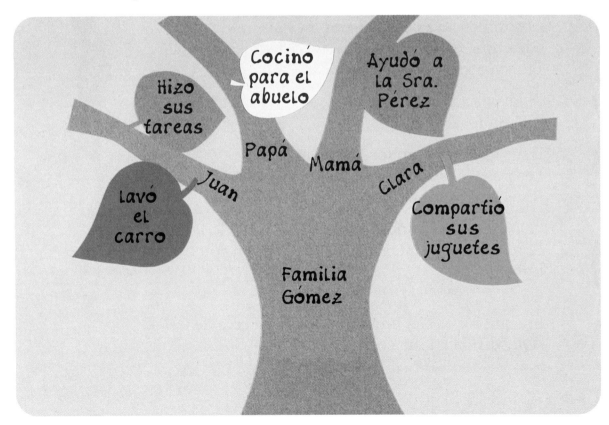

65

6 Fomentando la paz

Un día algunos padres llevaron sus hijos a Jesús. Querían que Jesús impusiera sus manos sobre los niños y los bendijera.

Jesús había estado enseñando todo el día. Había una multitud a su alrededor. Los discípulos vieron a los niños y los padres tratando de llegar a Jesús. Ellos los alejaron.

"Llévense a los niños, Jesús está muy ocupado", dijeron los discípulos.

Jesús dijo: "No, no los despidan".
Les puso las manos en la cabeza y los bendijo.
Jesús amaba mucho a los niños y dijo:

"Dejen que los niños vengan a mí, no se lo impidan. El reino de Dios pertenece a los que son como estos niños".

Basado en Marcos 10:13–16

Imaginen que son uno de esos niños cerca de Jesús. ¿Qué dirían a Jesús?

One day some mothers and fathers brought their children to Jesus. They wanted Jesus to lay His hands on the children and bless them.

Jesus had been teaching the people all day. There was a crowd all around Him. The disciples saw the children and their parents trying to reach Jesus. They stopped them.

"Take the children away," the disciples said. "Jesus is too busy."

Jesus said, "No, do not send them away." He called the children to Him. He put His hands on their heads and blessed them. Jesus loved children very much. He said to his disciples,

"Let the children come to Me and do not stop them. The kingdom of God belongs to children like these."
Based on Mark 10:13–16

Imagine you are one of the children close to Jesus. What do you say to Him?

Después de la Reconciliación

Debemos tratar de celebrar el sacramento de la Reconciliación con frecuencia. Lo hacemos principalmente cuando nos preparamos para fiestas importantes del año litúrgico tales como Navidad y Pascua de Resurrección.

Cuando celebramos el sacramento de la Reconciliación, somos como los niños de Jesús. El no quiere que nada nos separe de él. Quiere que estemos llenos de su paz. Somos amigos de Jesús. Estamos en paz con nosotros y con el pueblo de Dios.

Jesús quiere que compartamos su paz con nuestra familia, nuestra comunidad parroquial y con todos los que conozcamos.

Desayuno parroquia

After Reconciliation

We should try to celebrate the sacrament of Reconciliation often. We celebrate it especially to prepare for important times in the Church year such as Christmas and Easter.

When we celebrate the sacrament of Reconciliation, we are like the children with Jesus. He doesn't want anything to keep us from being with Him. He wants us to be filled with His peace. We are friends with Jesus. We are at peace with ourselves and with all God's people.

Jesus wants us to share His peace with our families, with our parish community, and with everyone we meet.

Como llevar paz
a los demás

Podemos:

- vivir la Ley del Amor y los Diez Mandamientos.

- agradecer el perdón de Dios y perdonar a otros.

- ser bondadosos y amar a los miembros de la Iglesia, en la casa y en la escuela.

- tratar de ayudar a aquellos que no han sido tratados con justicia o amor.

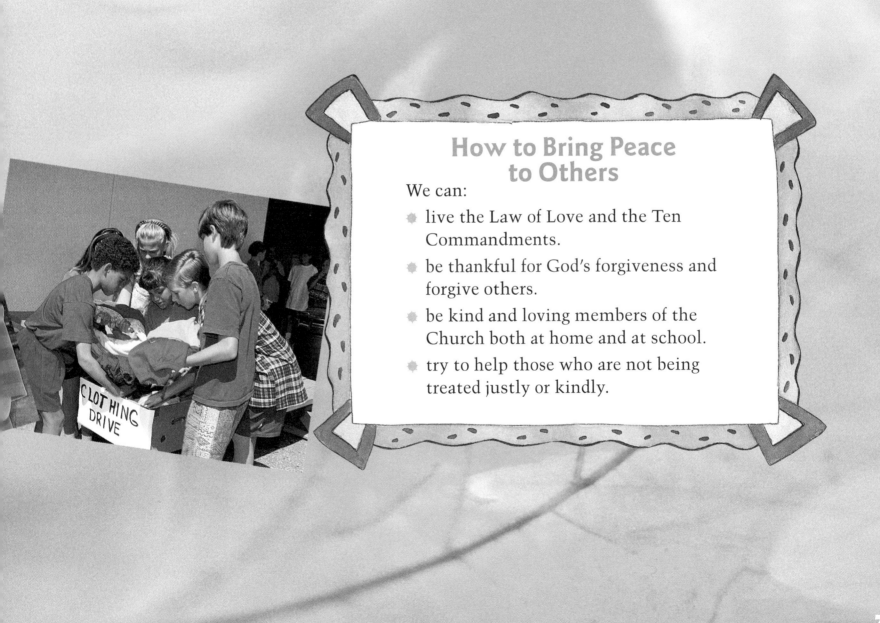

How to Bring Peace to Others

We can:

* live the Law of Love and the Ten Commandments.

* be thankful for God's forgiveness and forgive others.

* be kind and loving members of the Church both at home and at school.

* try to help those who are not being treated justly or kindly.

CLOTHING DRIVE

¿Cómo pueden llevar la paz de Jesús a alguien hoy?

San Francisco de Asís vivió en paz con todos. Esta oración que él hizo les recordará muchas formas en que podemos compartir la paz de Jesús con otros. Vamos a rezarla:

Oración de San Francisco

Señor, hazme un instrumento de tu paz:
    donde haya odio, siembre yo amor;
    donde haya injuria, perdón;
    donde haya duda, fe;
    donde haya desaliento, esperanza;
    donde haya sombras, luz;
    donde haya tristeza, alegría.

How can you bring the peace of Jesus to someone today?

Saint Francis of Assisi was a great peacemaker. His special prayer will remind you of ways you can share the peace of Jesus with others. Join together to pray his prayer.

Prayer of Saint Francis

Lord, make me an instrument of Your peace:

where there is hatred, let me sow love;
where there is injury, pardon;
where there is doubt, faith;
where there is despair, hope;
where there is darkness, light;
where there is sadness, joy.

Compartiendo la paz de Dios

El sacramento de la Reconciliación nos da la paz de Dios. Cuando el sacerdote dice las palabras de absolución escuchamos las palabras de perdón de Dios. El sacerdote dice:

Por el ministerio de la Iglesia que Dios te de el perdón y la paz. "Y yo te absuelvo de tus pecados en el nombre del Padre y del Hijo † y del Espíritu Santo".

Somos reconciliados y estamos en paz con Dios y con los demás. Tenemos que compartir esa paz.

¿Con quién vas a compartir la paz de Dios hoy? ¿Cómo lo harás?

Sharing God's Peace

The sacrament of Reconciliation brings us God's peace. When the priest says the words of absolution we hear the words of God's forgiveness. The priest says:

"Through the ministry of the Church may God give you pardon and peace, and I absolve you from your sins in the name of the Father, and of the Son, † and of the Holy Spirit."

We are now reconciled and at peace with God and one another. We are to share this peace.

With whom will you share God's peace today? How will you do this?

¡**F**elicidades! Usted ha sido un buen pastor para su niño que va a celebrar su primera reconciliación. Al preparar a su niño para este sacramento de sanación, usted ha sido ministro de reconciliación y paz. Continúe animando a su niño, con palabras y ejemplos, para que tenga una actitud positiva hacia este sacramento de la misericordia de Dios. Es muy importante que ayude a su niño a sentirse bien, celebrando el sacramento con frecuencia.

Esta lección final es una parte muy importante en la comprensión de que el sacramento vive en nosotros al obedecer la Ley del Amor y al cumplir los mandamientos, al actuar con justicia y al hacer las paces con los demás.

Empiece esta lección abrazando al niño y agradeciéndole que ha sido fiel al prepararse para su primera reconciliación.

1. Invite al niño a contarle la historia de Jesús y los niños. Compartan las respuestas.

2. Hablen de lo que hacemos para trabajar por la paz de Jesús después que celebramos el sacramento. Recen la oración de San Francisco en la página 72.

3. Ayude al niño a hacer la actividad **En la casa**.

¿Cómo puedes compartir la paz de Cristo con otros?

Haz un círculo de paz y cuélgalo cerca de tu puerta. En un lado escribe "La paz de Cristo para todos". En el otro pega fotografías que demuestren paz. Puede usar fotos de la familia mostrando momentos felices.

1. Corta dos círculos del mismo tamaño.
2. Decóralos y pégalos.
3. Haz un agujero en la parte de arriba. Pasa un hilo por el agujero para colgarlo.

La paz de Cristo para todos

Niño 1: Nuestra familia parroquial se regocija con nosotros. Hemos celebrado el sacramento de la Reconciliación por primera vez. Jesús nos ha dado su regalo de sanación y paz. Jesús dijo: "Mi paz os dejo, mi paz os doy". Vamos a darnos unos a otros el saludo de la paz de Dios.

Vamos juntos a hacer una oración de acción de gracias.

Niño 2: Por el regalo de la paz de Dios dado a nosotros en el sacramento de la Reconciliación,

Todos: Jesús, te damos gracias.

Niño 3: Por la ayuda de nuestros familiares y amigos,

Todos: Jesús te damos gracias.

Niño 4: Por enseñarnos a compartir amor y paz con los demás,

Todos: Jesús te damos gracias.

Guía: Padres, ustedes han preparado a sus hijos para celebrar el maravilloso sacramento de misericordia y perdón.

Cuando sus niños sean llamados, por favor venga a recibir el diploma.

Ahora tomados de las manos recemos la oración que nos ayuda a vivir en paz: Padre Nuestro....

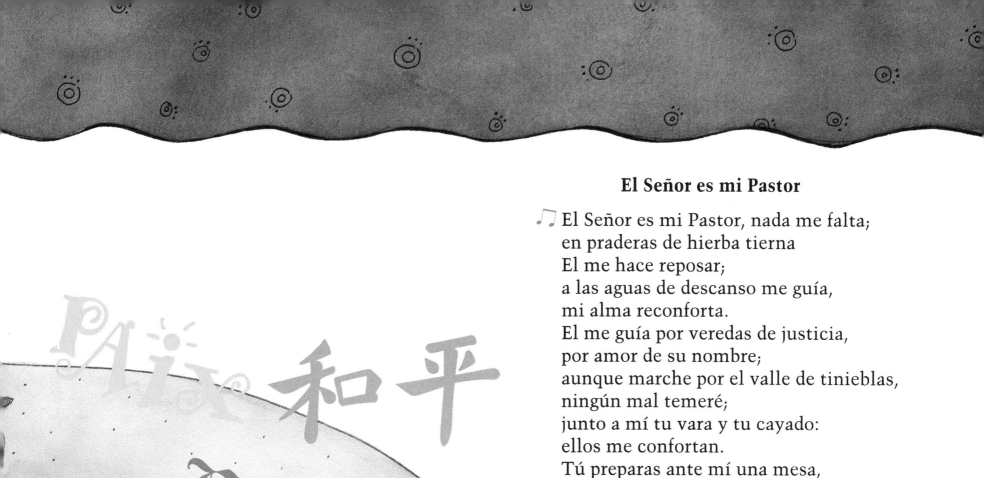

El Señor es mi Pastor

♫ El Señor es mi Pastor, nada me falta;
en praderas de hierba tierna
El me hace reposar;
a las aguas de descanso me guía,
mi alma reconforta.
El me guía por veredas de justicia,
por amor de su nombre;
aunque marche por el valle de tinieblas,
ningún mal temeré;
junto a mí tu vara y tu cayado:
ellos me confortan.
Tú preparas ante mí una mesa,
frente a aquellos que me odian;
unges con aceite mi cabeza,
desbordando está mi copa. ♫

A Peacemaking Rite

Child 1: Our parish family is rejoicing with us. We have celebrated the sacrament of Reconciliation for the first time. Jesus has given us His healing gift of peace. Jesus said, "Peace I leave you, my peace I give to you." Let us share with one another a sign of God's peace.

Now let us join together in prayer and thanksgiving.

Child 2: For the gift of God's peace given to us in the sacrament of Reconciliation,

All: Jesus, we thank You.

Child 3: For the help of our family and friends,

All: Jesus, we thank You.

Child 4: For teaching us to share love and peace with others,

All: Jesus, we thank You.

Leader: Parents, you have prepared your children to celebrate this wonderful sacrament of mercy and forgiveness.

When your child's name is called, please come forward with your child to receive the certificate.

Now let us join hands and pray the prayer that helps us to be peacemakers: Our Father....

Let There Be Peace on Earth
Sy Miller and Jill Jackson

♪ Let there be peace on earth
And let it begin with me.
Let there be peace on earth
A peace that was meant to be.

With God as our Father
We are family.
Let us walk now together
In perfect harmony.

Let peace begin with me;
Let this be the moment now.
With every step I take
Let this be my solemn vow:
To take each moment and
Live each moment
In peace eternally.
Let there be peace on earth
And let it begin with me! ♪

© renewed 1983, 1955 Jan-Lee Music.
All rights reserved.

Repaso: Recordaré

1. ¿Cuál es la Ley del Amor?

La Ley del Amor es: "Amar a Dios con todo tu corazón y amar al prójimo como a ti mismo".

2. ¿Qué son los Diez Mandamientos?

Los Diez Mandamientos son leyes que nos dicen lo que Dios quiere que hagamos. Nos ayudan a vivir sanos y felices.

3. ¿Qué es pecar?

Pecar es elegir libremente hacer lo que sabemos es malo. Quiere decir que desobedecemos la ley de Dios a propósito.

4. ¿Qué es el sacramento de Reconciliación?

Reconciliación es el sacramento con el cual celebramos el perdón de nuestros pecados y la misericordia de Dios.

5. ¿Qué pasos forman siempre parte del sacramento de la Reconciliación?

Examen de conciencia; confesión de los pecados; penitencia; hacer un acto de contrición; la absolución.

6. ¿Qué hacemos después de la Reconciliación?

Después de la Reconciliación, compartimos la paz de Jesús con nuestros familiares, nuestra comunidad parroquial y con todos los que conocemos.

Jesús, ayúdanos a tomar buenas decisiones con amor.

Me preparo para celebrar la Reconciliación

1. Jesús nos ayuda a tomar buenas

   _____ .

2. Para tomar las decisiones correctas,

   empezamos pidiendo al _____

   _____ nos ayude.

3. Los accidentes y los errores no son

   _____ .

Recuerdo la palabra de Dios

Muestra como el hijo perdido encontró el camino hacia su casa. Colorea las piedras al escoger las palabras correctas para completar la historia.

Un Señor tenía _____ hijos.

Uno tomó una _____ decisión y se fue de la casa.

Después se _____ y regresó.

El tomó una _____ decisión y su padre dijo: "Vamos a celebrar, mi

hijo que estaba perdido ha sido _____".

Dios de amor: Tú siempre nos perdonas cuando estamos arrepentidos.

Me preparo para celebrar la Reconciliación

1. Cuando amamos a Dios, a los demás y a nosotros mismos estamos viviendo la

_____ del

_____ .

2. Elegir libremente hacer lo que sabemos está

mal es _____ .

3. El _____ _____

nos dice lo que Dios quiere que hagamos

para mostrar nuestro amor.

Recuerdo la palabra de Dios

Jesús dijo que el mayor de los mandamientos es: Amar al Señor tu Dios con todo tu corazón,
_{1 5} ₉ ₁₀

con toda tu alma y con toda tu mente
_{7 3} ₄ _{8 2}

y al prójimo como a ti mismo.
₆

¿Cómo llamamos a este mandamiento? Usa las letras que corresponden a los números para encontrar la respuesta.

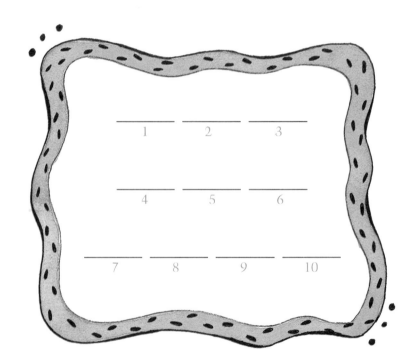

___	___	___
1	2	3
___	___	___
4	5	6

___	___	___	___
7	8	9	10

Gracias Jesús, por tu gozo, perdón y paz.

Me preparo para celebrar la Reconciliación

1. Jesús nos perdona sin importar lo que hayamos

    hecho si estamos _____.

2. Estar arrepentido significa hacer las paces,

    o estar _____, con quienes

    hemos herido.

3. El _____ de _____

    es una oración de arrepentimiento.

Recuerdo la palabra de Dios

Con las palabras de la historia bíblica llena el crucigrama.

Un día Jesús fue invitado a comer a la casa de Simón. Una mujer pecadora entró.

1. Ella estaba _____ de sus pecados.

2. Jesús la perdonó por su gran _____.

3. El le dijo: "Tus pecados te son _____.

4. Vete en _____".

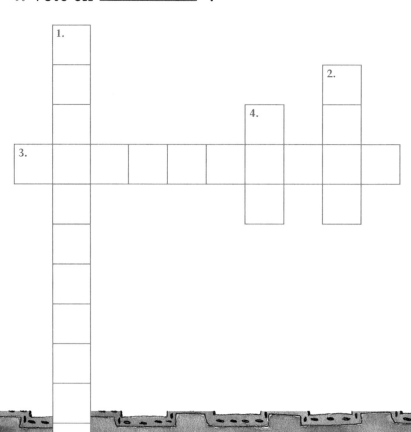

doblar aquí

J esús, nuestro Buen Pastor, nos encuentras si estamos perdidos. Gentílmente nos devuelve a casa. Jesús, tu amor y cuidado nunca terminan.

Me preparo para celebrar la Reconciliación

1. Nuestra _____ nos dice

   cuando no estamos amando a Dios

   y a los demás.

2. Hacemos un _____ de

   _____ para ayudarnos

   a recordar las decisiones que hicimos.

3. Cuando nos preguntamos si hemos estado

   viviendo como Jesús quiere que vivamos

   estamos _____ nuestra

   _____.

Recuerdo la palabra de Dios

Escribe por qué Jesús es como el pastor en la historia de la Oveja Perdida.

_____

_____

_____

_____

_____

_____

_____

_____

Jesús,
bendice
mi corazón
para que pueda
conocer
tu amor.

Me preparo para celebrar la Reconciliación

1. Jesús dio a sus discípulos el poder de

_____ _____

en su nombre.

2. Al decir nuestros pecados a Dios frente al

sacerdote estamos _____.

3. Una oración o una buena obra para mostrar

nuestro arrepentimiento es una

_____.

doblar aquí

Recuerdo la palabra de Dios

Organiza las letras para completar cada oración. Luego lee la historia bíblica.

Zaqueo quería ver a _____.

sesJú

Zaqueo subió a un árbol porque era _____.

ñqpoeue

Jesús se paró y habló a _____.

aZqoeu

Zaqueo se _____ de haber engañado

pitarernó

a la gente.

Zaqueo _____ devolver todo lo que

mpitroeó

había tomado.

Jesús _____ a Zaqueo porque

ópdenor

estaba verdaderamente
arrepentido.

¿Qué quiere Jesús que
hagamos cuando hemos
hecho algo malo?

Señor, hazme un instrumento de tu paz.

Me preparo para celebrar la Reconciliación

1. Jesús quiere que compartamos

   su _____ con los demás.

2. Llevamos paz a los demás cuando vivimos

   la _____ del _____.

3. Cuando necesitamos perdón celebramos

   el sacramento de la

   _____.

Recuerdo la palabra de Dios

Completa las oraciones. Luego encierra en un círculo tus respuestas en el cuadro de letras.

Un día unos padres llevaron a sus

_____ a Jesús. Ellos querían

que Jesús _____ a los niños. Los discípulos

dijeron: "_____ a los niños. Jesús

está muy _____".

Jesús dijo: "No, dejen que los _____

vengan a _____".

```
L P O P N R E M T
N L O C U P A D O
H M E N L D M E C
I K A V Q I R U A
J E S W E R Y U R
O T I J F N T W A
S Z N B P L S E Q
L N I Ñ O S I E L
```

doblar aquí

92

Celebrando la Reconciliación con otros

Cantamos una canción de entrada y el sacerdote nos saluda y reza una oración.

Escuchamos una lectura bíblica y una homilía.

Examinamos nuestra conciencia.
Hacemos un acto de contrición.

Podemos hacer una oración o cantar una canción, y luego rezar el Padre Nuestro.

Confesamos nuestros pecados al sacerdote.
En el nombre de Dios y de la comunidad cristiana, el sacerdote nos da la penitencia y la absolución.

Rezamos para concluir nuestra celebración.
El sacerdote nos bendice y nos vamos con la paz y el gozo de Cristo.

Celebrando la Reconciliación solo

El sacerdote me saluda.

Hago la señal de la cruz.
El sacerdote me pide confiar en la misericordia de Dios.

Uno de los dos puede leer una historia bíblica.

Hablo con el sacerdote. Confieso mis pecados;
las faltas que cometí y por qué.
El sacerdote me habla sobre amar a Dios y a los demás.
El sacerdote me da la penitencia.

Hago un acto de contrición.
En nombre de Dios y de la Iglesia, el sacerdote
me da la absolución. (El puede poner
sus manos sobre mi cabeza).
Esto quiere decir que Dios ha perdonado mis pecados.

Juntos, el sacerdote y yo damos gracias
por el perdón de Dios.

Oraciones

Padre Nuestro

Padre nuestro, que estás en el cielo,
santificado sea tu nombre;
venga tu reino;
hágase tu voluntad así en la tierra
como en el cielo.
Danos hoy nuestro pan de cada día;
perdona nuestras ofensas,
como también nosotros perdonamos
a los que nos ofenden;
no nos dejes caer en tentación,
y líbranos del mal.

Ave María

Dios te salve María,
llena eres de gracia,
el Señor es contigo;
bendita tú eres entre todas las mujeres,
y bendito es el fruto de tu vientre, Jesús.
Santa María, Madre de Dios,
ruega por nosotros pecadores, ahora
y en la hora de nuestra muerte.
Amén.

Gloria al Padre

Gloria al Padre, y al Hijo,
y al Espíritu Santo.
Como era en el principio,
ahora y siempre,
por los siglos de los siglos.
Amén.

Oración en la mañana

Dios mío, te ofrezco hoy
todo lo que piense o haga,
uniendo mis acciones
a lo que Jesucristo, tu Hijo,
hizo en la tierra.

Oración en la noche

Dios de amor, antes de ir a dormir
quiero darte las gracias por este
día lleno de bondad y gozo. Cierro
mis ojos y descanso seguro de tu
amor.

Oraciones

Meditación

Sentado en posición cómoda
relájate y respira lentamente.
Trata de no poner atención
a los sonidos. Cada vez que respires
pronuncia el nombre "Jesús".

Salmo de alabanza

Oh Dios,
tú grandeza se ve en toda
la tierra.

Basado en el Salmo 8:9

Salmo de arrepentimiento

Recuerda Señor, tu bondad y
constante amor.
Perdona mis pecados.

Basado en el Salmo 25:6–7

Salmo de acción de gracias

Te doy gracias oh Dios, con todo
mi corazón.
Canto alabanzas a ti.

Basado en el Salmo 138:1

Salmo de confianza

Que tu constante amor
esté siempre conmigo, oh Dios,
porque pongo mi esperanza en ti.

Basado en el Salmo 33:22

Salmo de ayuda

Recuérdame, oh Dios, cuando
ayudes a tu pueblo.

Basado en el Salmo 106:4

Acto de Contrición

Ver página 38.

Para recordar mantener la paz

Esta lista puede ayudar a ti y a tu familia a mantener la paz. Cada vez que camine por la senda de la paz, dibuja una carita feliz en el círculo. Juntos ayúdense a vivir en paz.

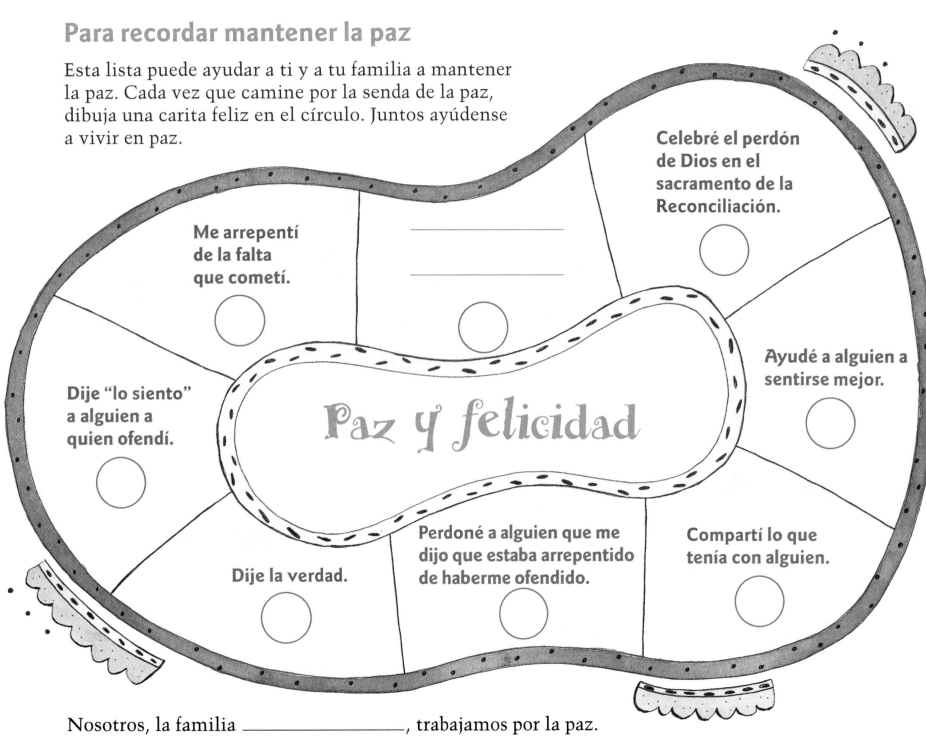

Me arrepentí de la falta que cometí.

Celebré el perdón de Dios en el sacramento de la Reconciliación.

Paz y felicidad

Dije "lo siento" a alguien a quien ofendí.

Ayudé a alguien a sentirse mejor.

Dije la verdad.

Perdoné a alguien que me dijo que estaba arrepentido de haberme ofendido.

Compartí lo que tenía con alguien.

Nosotros, la familia _____, trabajamos por la paz.

Llevando paz

Piensa en otra forma en que vives en paz.

Escríbela en el espacio en la pista.

Ahora, con cuidado, corta en la línea punteada.
Coloca tu lista de actividades de paz
en un lugar especial.

Toma tiempo durante la semana
para revisar la lista
con tu familia.

Compañeros de oración

Un compañero de oración puede ser cualquier persona, joven o vieja, niño o niña, pariente o no. Esta persona es especial. Al tiempo que te preparas para recibir el regalo del perdón de Dios en la Reconciliación, tu compañero de oración te ayudará. El te recuerda en pensamiento y oración.

Pregunta a tu maestra el nombre de algún enfermo o una persona que viva en un asilo de ancianos. Tú también puedes ayudar a esa persona. El pedirle que sea tu compañero de oración ayudará a esa persona a sentirse necesitada y especial.

Completa esta carta. Recuerda poner tu nombre. Puedes añadir tu propio mensaje. Con cuidado corta en la línea de puntos y envía el mensaje.

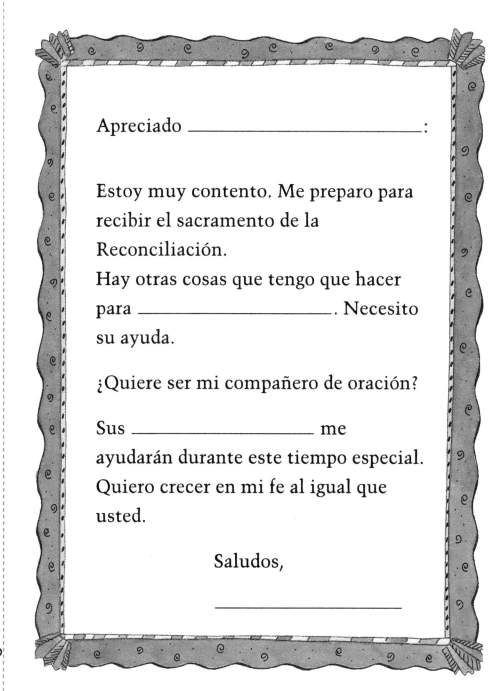

Apreciado _____ :

Estoy muy contento. Me preparo para recibir el sacramento de la Reconciliación.
Hay otras cosas que tengo que hacer para _____ . Necesito su ayuda.

¿Quiere ser mi compañero de oración?

Sus _____ me ayudarán durante este tiempo especial. Quiero crecer en mi fe al igual que usted.

Saludos,

_____

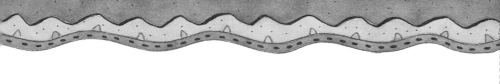

Una Invitación

(doblar aquí)

Una Invitación

Se le invita a apoyar a este joven
con sus oraciones durante
estas semanas de preparación para
el sacramento de la Reconciliación.
Esperamos que se una a
nosotros durante este
tiempo tan especial.

Canciones

Amémonos de corazón

Amémonos de corazón,
no de labios solamente. (Bis)

Para cuando Cristo venga,
para cuando Cristo venga
nos encuentre bien unidos. (Bis)

¿Cómo puedes tú orar
enojado con tu hermano? (Bis)

Dios no escucha la oración,
no escucha la oración
si no estás reconciliado. (Bis)

¿Cuántas veces debo yo
perdonar al que me ofende? (Bis)

Setenta veces siete,
setenta veces siete,
perdonar al que me ofende. (Bis)

Yo tengo un gozo

Yo tengo un gozo en el alma, gozo en el alma,
gozo en el alma y en mi ser,
aleluya, gloria a Dios;
y es como un río de agua viva,
río de agua viva, río de agua viva en mi ser.

Alza tus brazos y alaba a tu Señor.
Alza tus brazos y alaba a tu Señor.
Da gloria a Dios, gloria a Dios, gloria a El.
Alza tus brazos y alaba a tu Señor.

Cierra los ojos y alaba a tu Señor.
Cierra los ojos y alaba a tu Señor.
Da gloria a Dios, gloria a Dios, gloria a El.
Cierra los ojos y alaba a tu Señor.

No te avergüences y alaba a tu Señor.
No te avergüences y alaba a tu Señor.
Da gloria a Dios, gloria a Dios, gloria a El.
No te avergüences y alaba a tu Señor.

Quiero ser, Señor

Quiero ser, Señor,
instrumento de tu paz.
Quiero ser, oh Señor,
instrumento de tu paz.

Que donde hay odio, Señor,
ponga yo el amor;
donde haya ofensa,
ponga perdón.

Que donde hay discordia, Señor,
ponga yo unión;
donde haya error,
ponga verdad.

Que donde haya duda, Señor,
ponga yo la fe;
donde haya angustia,
ponga esperanza.

Donde haya tinieblas, Señor,
ponga vuestra luz;
donde haya tristeza,
ponga alegría.

Que bueno es mi Señor

¡Qué bueno es mi Señor! ¡Qué bueno es mi Señor!
El hace por mí maravillas.
¡Qué bueno es mi Señor! ¡Qué bueno es mi Señor!
Yo quiero cantarle mi amor.

Señor, Tú me amas; Señor, Tú me amas,
me amas sin fin, sí, sí.
Señor, Tú me amas; Señor, Tú me amas
y mueres por mí, sí, sí.

Señor, yo te amo; Señor, yo te amo
y te serviré, sí, sí.
Señor, yo te amo; Señor, yo te amo
y te serviré, sí, sí.

Oremos unidos, oremos unidos
en un corazón, sí, sí.
Oremos unidos, oremos unidos
buscando al Señor, sí, sí.

Certificate
of
First Reconciliation

The parish of

_____

embraces with the merciful love of God

_____

**who celebrated for the first time
the
*Sacrament of Reconciliation***

on _____ **in** _____

Pastor _____

doblar aquí

doblar aquí

doblar aquí

doblar aquí

Jesús:
Te doy
mi amor.

_____
(nombre)

_____
(fecha)

Corta en las líneas punteadas. Lleva cada extremo marcado con una "x" hasta el centro. Sujétalos con un alfiler y pégalo a un sorbete o a un palito de madera. Dobla el extremo del alfiler y cúbrelo con cinta adhesiva para que no te pinches.

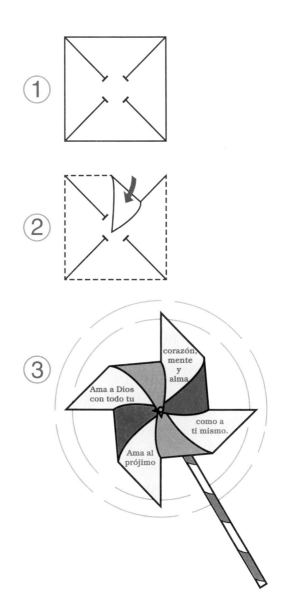

① ② ③

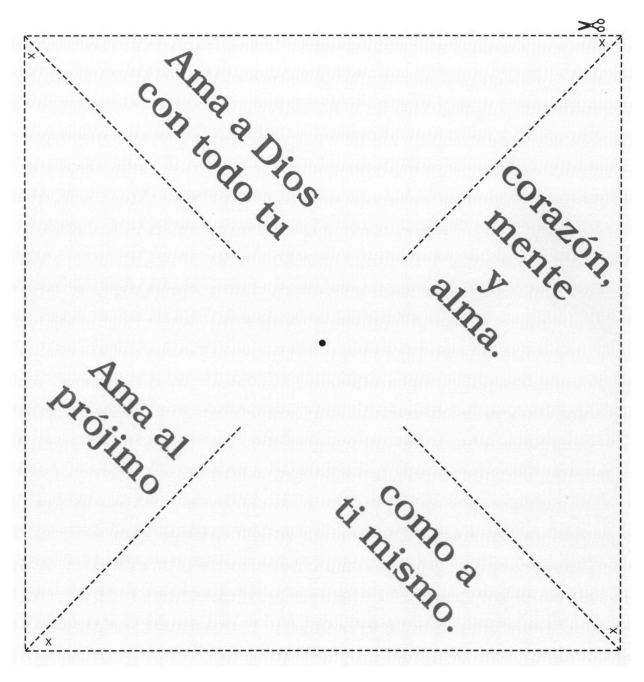

Ama a Dios con todo tu

corazón, mente y alma.

Ama al prójimo

como a ti mismo.